NATIONAL GEOGRAPHIC

EL BOSQUE FANTÁSTICO

EDICIÓN PATHFINDER

Por Susan E. Goodman

CONTENIDO

EL BOSQUE FANTÁSTICO

En el corazón del bosque estás rodeado de árboles. Las ramas se elevan por encima de ti. Las hojas te hacen sombra del sol. Las aves vuelan de rama en rama. Los animales más grandes, como tú, caminan por el suelo forestal. El bosque es un lugar fantástico. Hace que la vida en este planeta sea posible.

¿Qué es ur

Roble y ardilla

Un **ROBLE** puede ser el hogar y una tienda de comestibles para una ardilla. Las **ARDILLAS** ayudan a los robles cuando esconden bellotas para comerlas en el futuro… y se olvidan de ellas. Una bellota olvidada se convierte en una semilla plantada.

Pájaros carpinteros

Los **PÁJAROS CARPINTEROS** perforan los árboles para encontrar sabrosos insectos debajo de la corteza. A veces esto ayuda al árbol a deshacerse de insectos dañinos.

Abeja

Las **ABEJAS** zumban de flor en flor para obtener néctar y se marchan cubiertas de polen. Cuando visitan otra flor, dejan algo del polen. Eso ayuda a las flores a producir semillas.

Repollo de zorri

El **REPOLLO DE ZORRILLO** nace a inicios de la primave para que pueda bro antes de que las hoja del árbol crezcan y bloqueen el Sol.

BOSQUE?

Un bosque está formado por mucho más que árboles. Es una inmensa **comunidad** repleta de arbustos y enredaderas, así como animales que caminan, se arrastran y vuelan. Los seres vivos de una comunidad dependen el uno del otro. También dependen de muchas de las mismas cosas en su medio ambiente, como el agua, aire y luz solar.

Una comunidad forestal

Obtener lo que necesitas puede ser difícil en un bosque. Algunos seres vivos compiten con los demás por la comida. Eso quiere decir que una planta o animal debe pelear con otros seres vivos para obtener algo que necesita.

Algunos seres vivos en el bosque se ayudan entre sí. Así sucede con las abejas y las flores. Las abejas necesitan el néctar pegajoso que está dentro de las flores. Cuando se meten dentro de las flores, las abejas quedan cubiertas de polen. Luego transportan el polen a otras plantas. Esto ayuda a que las flores produzcan semillas. Entonces, las abejas ayudan a las flores y las flores ayudan a las abejas.

Para ver otras cosas que hacen los seres vivos para ayudarse mutuamente, solo observa el suelo forestal. Las setas y otros hongos crecen en el suelo. Algunas setas sobreviven descomponiendo la madera muerta. Esto mejora la tierra en el suelo forestal. Una buena tierra significa que crecerán y prosperarán más plantas en el bosque.

Hongos

Los **HONGOS**, incluidas las setas, descomponen madera muerta y devuelven algunos de los nutrientes de la madera a la tierra.

Zorro

Los **ZORROS** generalmente se alimentan de ratones y otros animales pequeños. También mastican bayas de "postre".

Lombrices de tierra

¡Las **LOMBRICES** a veces desayunan en la cama! Arrastran las hojas hacia sus guaridas subterráneas y las comen sin peligro.

¿Qué hay en una comunidad forestal ?

TREMENDOS regalos

Los árboles nos dan muchos regalos especiales, empezando con el mismo aire que respiramos. El aire es una mezcla de gases. Estos incluyen **oxígeno** y **dióxido de carbono**. Necesitamos oxígeno para vivir. El diagrama de la derecha muestra cómo los árboles ayudan a renovar el oxígeno del aire.

Tesoros del bosque

El oxígeno no es el único regalo que obtenemos de los árboles. Los árboles ayudan a enfriar la Tierra absorbiendo la energía del Sol. También actúan como enormes bombas. Transportan agua hacia arriba, a través de sus complejos sistemas de raíces, las superficies de las hojas y hacia el aire.

La lista de regalos sigue y sigue. Los árboles proveen hogares para los animales, y también para nosotros, cuando usamos la madera para construir nuestras casas. Proporcionan alimento a muchos animales, incluidos a aquellos de nosotros que disfrutamos de las peras o las tartas de pecanas. Nos dan bellos bosques para explorar y las materias primas que necesitamos para hacer muchos productos, como el papel y los lápices.

Camina por tu casa. En cada cuarto, encontrarás tesoros del bosque.

1. Los árboles y otras plantas usan luz para fabricar su propio alimento. Este proceso se llama **fotosíntesis.**

FOTOSÍNTESIS

5. Entonces el ciclo comienza nuevamente cuando las plantas absorben el dióxido de carbono durante la fotosíntesis.

PRUEBA VELOZ ¿Lo creerías?

Aquí hay una variedad de artículos que están listos para ser empacados en la mochila d un aficionado de acampar. Todos esos artículos están hechos de árboles. Algunos productos de madera son fáciles de ver. Es posible que otros productos hechos de sustancias químicas y fibras de los árboles te sorprendan.

Esponjas

2. Durante la fotosíntesis, los árboles y otras plantas absorben el dióxido de carbono y producen oxígeno.

3. El oxígeno se expulsa al aire.

OXÍGENO

RESPIRACIÓN

ÓXIDO DE CARBONO

4. Los animales, incluidas a las personas, respiran oxigeno. Expulsan dióxido de carbono.

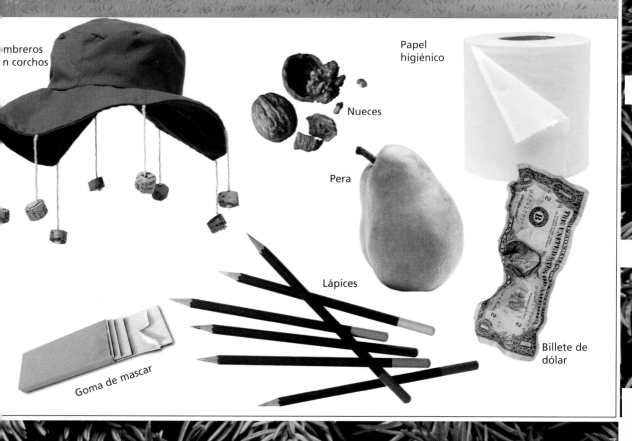

mbreros n corchos

Nueces

Papel higiénico

Pera

Lápices

Billete de dólar

Goma de mascar

BOSQUES para nuestro futuro

La naturaleza nos ofrece muchas cosas útiles. Estas cosas se llaman **recursos naturales.** Los recursos naturales incluyen los bosques, el agua, la tierra, el aire, los minerales y los combustibles.

Hay dos tipos de recursos naturales. Los recursos que podemos reemplazar (o que pueden reemplazarse a sí mismos) se llaman recursos renovables. Los recursos que desaparecen después de que los usamos se llaman recursos no renovables.

Viejo y nuevo

Los bosques son recursos renovables. Podemos plantar más árboles… y lo hacemos. Pero para asegurarnos de tener bosques fuertes en nuestro futuro, también debemos conservar los bosques que ya tenemos.

Los científicos están ayudando. Están combatiendo enfermedades e insectos que dañan a los árboles. El gobierno de los Estados Unidos ayuda también. Evita que la gente traiga al país plantas que podrían tener insectos dañinos o enfermedades.

Usamos más madera y papel ahora que hace 50 años, pero usamos menos tierras forestales para obtenerla. ¿Cómo? Evitamos los desechos usando el árbol entero, incluido el aserrín. También hemos encontrado formas para hacer que los árboles crezcan más rápido y produzcan más madera en menos tiempo.

¡INTENTA ESTO!

Un bosque en la repisa de tu ventana

Los limoneros en maceta prosperarán en un lugar soleado y cubierto. ¡Prepara varias macetas y comienza tu propio bosque futuro! Sigue estos pasos para cada árbol.

1. Lava unas semillas de limón con agua.

2. Colócalas sobre un papel toalla hasta que su superficie esté totalmente seca.

3. Pon guijarros en el fondo de una maceta. Añade tierra para macetas y humedécela.

4. Planta tres semillas aproximadamente a una pulgada de profundidad. Cubre con tierra y riega.

5. Mantén la tierra húmeda. En unas dos semanas, seguramente verás los bebés de árbol.

6. Deja que el mejor árbol crezca y corta los demás.

7. Riega según sea necesario.

8. Prepárate para hacer limonada... pero no hasta dentro de tres o cuatro años!

Fresh Lemonade 50¢

Vocabulario

comunidad: todos los seres vivos de un área

dióxido de carbono: gas hecho de carbono y oxígeno

fotosíntesis: proceso que usan las plantas para fabricar su alimento

oxígeno: gas que necesitan todos los seres vivos

recurso natural: material en la Tierra que es necesario o útil para las personas

Ayudando a nuestros bosques

Las prácticas forestales modernas pueden mejorar incluso más los hábitats silvestres.

La cosecha cuidadosa permite que los bosques crezcan fuertes y más bellos que antes.

Los riachuelos y ríos necesitan protección para que toda la vida

Nuestros bosques nos dan bastante: oxígeno, hogares para la vida silvestre y árboles que podemos usar para hacer el papel y los productos de madera que necesitamos. Sabemos que los bosques necesitan cuidados especiales para conservarlos bellos… y útiles también.

Los bosques necesitan nuestra ayuda. Debemos plantar más árboles de los que cosechamos. También necesitamos usar la ciencia para mantenerlos saludables. Todos debemos trabajar duro para crear bosques que la gente de las próximas generaciones pueda disfrutar.

La cosecha parcial nos permite usar nuestros árboles para cosas que necesitamos… y al mismo tiempo permite el crecimiento de un bosque más fuerte.

Si cuidamos nuestros bosques hoy día, podremos disfrutarlos y usarlos el día de mañana.

Las cosas hechas con los árboles hacen que nuestras vidas sean mejores y fortalecen la economía de nuestro país.

BOSQUES

Es hora de averiguar qué has aprendido sobre los bosques.

1 Describe una comunidad forestal.

2 ¿Por qué son importantes los bosques para el aire que respiramos?

3 ¿Cuál es la diferencia entre recursos renovables y no renovables?

4 ¿Por qué la gente actualmente tiene más madera a pesar de que se usa menos tierra para cultivar árboles?

5 Explica cómo ayudan los bosques a la gente y cómo ayuda la gente a los bosques.